Karl August Friedrich Mahn

Über die epische Poesie der Provenzalen

Besonders über die beiden vorzüglichsten Epen Jaufre und Girartz de

Rossilho, so wie über die Ausgaben und Handschriften, worin sich

dieselben befinden

Karl August Friedrich Mahn

Über die epische Poesie der Provenzalen
*Besonders über die beiden vorzüglichsten Epen Jaufre und Girartz de Rossilho, so
wie über die Ausgaben und Handschriften, worin sich dieselben befinden*

ISBN/EAN: 9783337177805

Hergestellt in Europa, USA, Kanada, Australien, Japan

Cover: Foto ©Thomas Meinert / pixelio.de

Weitere Bücher finden Sie auf **www.hansebooks.com**

Ueber die epische Poesie der Provenzalen,

besonders über die beiden vorzüglichsten Epen Jaufre und Girartz de Rossilho, so wie über die Ausgaben und Handschriften, worin sich dieselben befinden, von Prof. Dr. A. Mahn.

Die provenzalische Litteratur konnte einst eine große Menge epischer Gedichte aus allen Sagenkreisen aufweisen, wie wir aus den zahlreichen Erwähnungen bei den provenzalischen lyrischen Dichtern des zwölften und dreizehnten Jahrhunderts, besonders aber aus den beiden bidaktischen Gedichten des Guiraut von Cabreira (Mahn Ged. der Troub. No. 1083) und des Guiraut von Calanso (Ged. No. 111) ersehen. Das rasche Aufblühen und die reiche Entwicklung der Lyrik, welche alle Volkspoesie überhaupt und somit auch die epische Poesie in den Hintergrund drängte, und sie zuletzt beinahe ganz verschwinden ließ, bewirkte, daß auch die Werke selbst untergingen, und daß nur wenige davon gerettet wurden, und so auf die Nachwelt kamen; besonders da sicherlich manche mehr im Gedächtniß der Spielleute fortlebten, als daß sie niedergeschrieben waren. Dies veranlaßte einen Grammatiker des 13. Jahrhunderts, Raimon Bidal von Bezaudun, zu sagen, daß die französische Sprache mehr zu Romanen und Pasturellen, die provenzalische aber mehr zu Versen, Canzonen und Sirventesen geeignet sei, weil ihm zu seiner Zeit keine umfangreiche provenzalische epische Poesie mehr vorlag. Auf ein allgemeines Nichtvorhandengewesensein derselben läßt sich aber aus dieser Aeußerung des Grammatik.rs durchaus nicht schließen, wie man wirklich schon fälschlich daraus geschlossen hat Dies wäre einem Wunder gleich zu achten, da bei allen alten Völkern der späteren lyrischen, bidaktischen und bramatischen Poesie eine epische nothwendigerweise voraufgeht, und ja doch noch einige alte provenzalische Epen wirklich übrig geblieben sind. Ein solches unkritisches Urtheilsfällen war einem Grammatiker des dreizehnten Jahrhunderts erlaubt; für uns aber ermangelt es jeder Gültigkeit und erträgt keinerlei Erörterung. Allerdings sind mehr Pasturellen und Romane der Nordfranzosen vorhanden; aber auch in der provenzalischen Litteratur giebt es Pasturellen, und zwar ist diese Art der Poesie sehr alt; denn im Leben Cercamon's, eines der ältesten Troubadoure in der ersten Hälfte des zwölften Jahrhunderts, heißt es, er habe Pasturellen nach der alten Manier, d. h. im einfachen, volksthümlichen Tone, gedichtet. Auch von Marcabrun, dem Schüler Cercamon's, der ungefähr von 1140—1185 dichtete, giebt es Pastoretas. Ueberdieß ist die französische Sprache zu Versen, Canzonen und Sirventesen eben so gut geeignet als die provenzalische. Was würde man von jemandem sagen, der die beutsche und italiänische Sprache etwa so vergliche, daß die italiänische Sprache sich mehr zu Novellen und die deutsche mehr zu Romanen eigne, weil es in jener mehr Novellen und in dieser mehr Romane giebt? Und doch legen neuere Kritiker auf ein solches Beweismittel von Raimon Bidal noch Werth.

Berlin. 1874. Ferd. Dümmler's Verlagsbuchhandlung.

Unter den provenzalischen Epen, die dem Untergang entgingen, zeichnet sich das Epos Girarz be Rossilho vor allen anderen aus, sowohl was das Alter als den Inhalt und die Sprache, so wie auch die Form oder den Versbau betrifft. In der Gestalt, in welcher es uns vorliegt, wurde es wahrscheinlich am Ausgang des elften oder im Anfang des zwölften Jahrhunderts von einem ungenannten Dichter nicht sowohl verfaßt als nach älteren bem zehnten Jahrhundert angehörigen Liedern und Ueberlieferungen neu angeordnet, überarbeitet und erweitert, wie dies das Schicksal aller ältesten Epen war, der Jliade und der Odyssee, des Nibelungenliedes, der Chanson de Roland, und in den neueren Zeiten der finnischen Kalewala, wobei ein Gelehrter, Namens Lönnrot, die Rolle des Homer spielte, oder der serbischen Volkslieder, die Wuk Stephanowitsch dem Munde des Volkes ablauschte, und sie dann niederschrieb. Spuren der Entstehung aus einzelnen verschiedenen Liedern, indem ein und derselbe Inhalt in mehreren verschiedenen Reimreihen oder Tiraden vorgetragen wird, die nun unvermittelt neben einander stehen, finden sich mehrere. Eine solche Eigenthümlichkeit findet sich auch in dem Epos Fierabras und im französischen Rolandsliede, weil sie eben so aus älteren Liedern die im Munde der Spielleute fortlebten, zusammengestellt, und sicherlich von dem Zusammensteller auch erweitert wurden. Daher die Kritiker sich dann auch bemühen, solche Verse, Strophen oder Tiraden, die sie für eine Erweiterung oder Einschiebung halten, auszuscheiden, was aber immer nur sehr unvollkommen und unsicher gelingen kann. Auffallende Beispiele dieser Eigenthümlichkeit finden sich in unserem Epos mehrere. So wird z. B. der Verrath Richier's in vier verschiedenen Tiraden hinter einander erwähnt, V. 341—376. Erklärbar ist daher auch der fehlende Zusammenhang zwischen Tirade No. 3 (V. 364) und No. 4 (V. 372). In der ersteren Tirade wird gesagt: Wie übel handelt ein Krieger, der einen gemeinen Menschen zum Ritter, Seneschall und Rathgeber macht, wie es der Graf Girarz mit jenem Richier that, welchem er ein Lehen sammt Frau gab, und der nachher Rossilho an Karl verrieth; und in der gleich folgenden Tirade No. 4 wird gesagt, als wenn von diesem Richier noch gar nicht die Rede gewesen wäre; Gerhard hatte einen seiner Vertrauten zum Rathgeber, diesem gab er Lehen und Frau, und dieser ging damit um, seinen Herrn in der Nacht zu verrathen, und nun werden die einzelnen Umstände des Verraths noch näher angeführt. Der Mord der Kinder Terric's durch Boso (von V. 2696 an) wird in vier Tiraden und ihres Vaters Tod durch eben denselben in sieben Tiraden erzählt. Ein Mahl wird gesagt, Boso schnitt dem Terric den Kopf unter dem Haare ab und dann wieder drei Mahl, daß er ihn mit einer Lanze durchbohrte, ferner zwei Mahl, daß er den Kindern den Kopf unter dem Kinn oder unter dem Nacken abschnitt, ein Mahl, daß er ihre Köpfe vom Rumpfe trennte, und noch ein Mahl, daß er sie überhaupt als Satanas umbrachte, also hier Wiederholung und dort Wiederholung und Widerspruch. Einige, wie Bartsch (in der Einleitung zu dem Rolandsliede des Pfaffen Konrad), behaupten, daß es eine Eigenthümlichkeit des altfranzösischen und provenzalischen Epos sei, bei einigen Hauptbegebenheiten länger zu verweilen und dieselben mit epischer Breite in verschiedenen Tiraden wiederholt und ausführlich mit Hinzufügung neuer Einzelheiten und Umstände zu behandeln. Es kann zugegeben werden, daß einzelne dieser dasselbe aussagenden Tiraden dieser epischen Ausmahlung ihren Ursprung verdanken mögen; aber für die Mehrzahl der Fälle scheint die oben ausgesprochene und auch von Fauriel, Herz und anderen vertretene Ansicht größere Wahrscheinlichkeit zu haben. Für die Ursprünglichkeit und das Vorhandensein einer eigenen provenzalischen epischen Poesie spricht auch dieses eigenthümliche zehnsylbige Versmaß, das wir zuerst in dem ins zehnte Jahrhundert zu versetzenden episch-didaktischen Boethius hervortreten sehen, welches mit der Cäsur nach der vierten Sylbe später häufig von den nordfranzösischen Epikern angewandt wurde. Dieses Versmaß wurde, wie es in unserem Rossilho vorliegt, dem Stoffe und Inhalt angemessen, von den provenzalischen Epikern auf eine originelle Weise so vervollkommnet, daß die Cäsur nach der sechsten Sylbe eintrat, wodurch der an diesem Epos bemerkte rauhe und trotzige Ton hervorgebracht wurde, ein Maß, das man nachher bei den Nordfranzosen, außer einmahl in einem burlesken Gedichte, nicht wieder antrifft. Seiner historischen Grundlage nach reicht unser Epos in das neunte Jahrhundert hinauf. Es ist als nicht unwahrscheinlich anzunehmen, daß die in der Volkssprache vorhandenen Lieder und Ueberlieferungen, ehe sie von dem Dichter oder Diasteuasten in die jetzt uns vorliegende Form gebracht wurden, auch noch durch eine lateinische Fassung hindurch gehen mußten, wie es bei dem Walter von Aquitanien der Fall war, der nur noch in einer lateinischen Redaction übrig ist, obgleich er sicher vorher in der Volkssprache vorhanden war. Eine Andeutung dieses Umstandes finden wir B. 6740, wo es heißt: „Wenn ich euch erzählen wollte alle die Schwierigkeiten, den Hunger und den Durst, so wie es die Schrift sagt, die in den Klöstern liegt, ein und zwanzig Jahre hindurch hatte der starke Krieger von seinem ganzen Besitze nicht vier Denare. Den Inhalt des Gedichts machen die Streitigkeiten und Kämpfe zwischen dem Grafen Girart von Rossilho als Vasallen mit seinem Lehnsherrn Karl dem Kahlen aus, wofür der Dichter aber entweder absichtlich oder aus Verwechslung der Zeiten den berühmteren Karl Martell setzt. Das Gedicht zerfällt in drei Abschnitte; der erste behandelt Gerhard's Kriege mit dem Könige, die nach anfänglichen Siegen, in Folge deren er sein durch einen Verräther dem Könige überliefertes Schloß Rossilho wiedergewann, um es durch abermaligen Verrath an den König zu verlieren, nunmehr mit seiner völligen Niederlage und Flucht endigen; der zweite enthält sein Umherirren mit seiner Gemahlinn im Ardennerwalde, wo er als Kohlenträger und sie als Näherinn ihr Leben zwei und zwanzig Jahre hindurch in Dürstigkeit und Niedrigkeit hinbringen; und der dritte seine durch die mit dem König vermählte Schwester seiner Gemahlinn bewirkte Aussöhnung und Wiedererlangung seiner Würden und Länder.

Auf das Vorhandenſein dieſes Epos im Provenzaliſchen zu ihrer Zeit ſpielen die beiden oben genannten Guiraut von Cabreira und Guiraut von Calanſon, ſo wie Peire Cardinal, an. Der letztere ſingt: „Anc Carles Martels ni Girartz Non auciʒeron homes tans" (Mahn Werke der Troub. II, 194). Das Gedicht empfiehlt ſich nicht wenig auch in poetiſcher Hinſicht. Die Sprache deſſelben iſt bei aller Ein- fachheit und Schmuckloſigkeit ungemein energiſch und kräftig, die Schilderungen und Beſchreibungen ſprechen durch ihre Wahrheit und Natürlichkeit an; ganz beſonders ſind die Kämpfe und Schlachten mit Vorliebe und objectiv in homeriſcher Weiſe geſchildert; jedoch findet in den Schlachtberichten und der darin beliebten Beſchreibung der Töbtungen und Verwundungen ein gewiſſes Maß ſtatt; es werden nicht ſo viele anatomiſche Gräuel gehäuft wie in dem Rolands- liede ; die Berathſchlagungen der beiden Parteien werden genau und beredt dargeſtellt, überhaupt die Reden der verſchiedenen Gegner ausführlich mitgetheilt, und der Gang der beſtändig raſch fortſchrei- tenden Handlung ſorgfältig entwickelt. Der Charakter der Helden hat etwas recht Naturwüchſiges, ja ſelbſt oft Großartiges an ſich. Die urſprüngliche Sprache des Gedichts war zwar provenzaliſch, aber etwas dialectiſch gefärbt, und weiſt auf eine Gränze hin, wo die beiden Sprachgebiete, das ſüdliche und nördliche, die Langue d'oc und die Langue d'oïl, zuſammentreffen, und zwar auf die öſt- liche Gränze, um Vienne herum oder nördlich davon. Vienne war ja grade auch die Hauptſtadt von Girarz Herrſchaft. Wie der Cha- rakter dieſes Dialects beſchaffen war, kann man im Allgemeinen und mit gewiſſen Beſchränkungen aus den Reimen der Handſchrift B ſchließen. Das Gedicht empfiehlt ſich auch außerordentlich in philo- logiſcher Beziehung. Kein anderes provenzaliſches Gedicht iſt ſo ſehr geeignet, auf Univerſitäten und anderen Hochſchulen für neuere Philologie geleſen und erklärt zu werden als dieſes. Nirgend findet der moderne Philologe einen ſo vortrefflichen Stoff, ſich in der Her- meneutik und Kritik ſo tüchtig zu üben als hier; denn da der Text in den wenigen Handſchriften vielfach verderbt iſt, und da ſo manche Wörter und Bedeutungen in den beiden einzigen Wörterbüchern von Raynouard und Rochegube entweder fehlen, oder mangelhaft und falſch ausgelegt ſind, ſo wird dem Divinationsvermögen des Leſers und Erklärers eine ganz vorzügliche Gelegenheit geboten, ſowohl den bis jetzt noch nicht feſt genug ſtehenden echten Text kritiſch herzu- ſtellen, als auch den Sinn und die Bedeutung der Wörter durch Ver- gleichung mit den übrigen romaniſchen Sprachen, beſonders mit dem Altfranzöſiſchen, ſo wie mit dem Mittellateiniſchen, dem Deutſchen und Celtiſchen in allen ihren Dialecten, oder endlich oft auch durch bloße Ahnung und Vermuthung ausfindig zu machen. Eine ſo vor- treffliche Gelegenheit zur philologiſchen Uebung trifft man ſelbſt im Griechiſchen und Lateiniſchen nicht mehr ſo ſtoffreich und ſo jungfräu- lich an. Wir beſitzen dieſes Epos, oder, wie die Provenzalen ſelbſt es nennen, dieſen Roman in vier Handſchriften, in einer vollſtändigen, in einer faſt vollſtändigen, in einer unvollſtändigen und in einem kurzen

Bruchstücke. Die fast vollständige, die wir A nennen können, ist die
mehr rein provenzalische, mit geringer dialectischer Färbung. Es
fehlen an dieser die ersten 564 Verse. Sie befindet sich in Paris
auf der großen zuerst königlichen, dann republikanischen, dann kaiser=
lichen, dann wieder königlichen, dann wieder republikanischen, dann
wieder kaiserlichen und jetzt wieder republikanischen oder National=
Bibliothek. Es sind im Ganzen 9000 Verse. Die zweite vollständige,
deren Sprache weniger provenzalisch ist, indem der Text einen sich
mehr dem Nordfranzösischen nähernden Charakter zeigt, befindet
sich zu Oxford in der Bobleiana. Wir werden sie B nennen. Sie war
Raynouard, Fauriel, Diez und Hofmann noch ganz unbekannt.
Francisque Michel theilte in seinem Rapport à Monsieur le Ministre
(vom Jahre 1839, p. 202) 9 Anfangs= und 12 Schlußverse davon
mit. Es scheint aber, als ob niemand, der sich mit Provenzalischem
beschäftigte, Kunde davon bekam; auch ich erfuhr ihr in diesem Rap=
port angezeigtes Vorhandensein erst später dadurch, daß ich denselben
zufällig käuflich erwarb. Sie wurde für die gelehrte Welt gleichsam
von neuem von dem damahligen Doktor und jetzigen Professor an
der Berliner Universität Steinthal bei seinem in das Jahr 1855
fallenden Aufenthalt in Oxford entdeckt, welcher, als er mir diese
Entdeckung ankündigte, zugleich die Güte hatte, mir die ersten 657
Verse in einer sauber ausgeführten Durchzeichnung mitzutheilen.
Die Handschrift scheint auf der ersten Seite etwas gelitten zu haben,
und auch sonst sind durch die ungeschickte Hand eines Buchbinders in
der Mitte der Handschrift einige Buchstaben vom Rande ganze Seiten
hindurch abgeschnitten. Wie schwer die Lesung der ersten Seite dem
sonst in Handschriften zu lesen so geübten Fr. Michel gefallen sein
muß, beweist der Umstand, daß seine Abschrift in den neun ersten
Versen zwölf Verschiedenheiten von der correcteren Steinthalschen
aufweist. Ich habe die 657 Verse in dem ersten Bande meiner Aus=
gabe der Gedichte der Troubadours vom Jahre 1856 abdrucken lassen,
und die Fortsetzung durch andere Abschreiber eben daselbst und im
zweiten und vierten Bande dieser Gedichte bis V. 8998 geliefert, so
daß nur noch etwa 1000 Verse des Schlusses fehlen. Es kommen in
der Handschrift manche Schreibfehler vor, einzelne Wörter sind voll=
ständig verderbt; aber dennoch können wir durch dieselbe viele in A
verfälschte und unverständliche Stellen in ihrer ursprünglichen Ge=
stalt wieder herstellen, zumahl A auch viele Zeilen überspringt, die
sich nunmehr in B vorfinden. Die unvollständige, die wir C nennen
werden, und die fast ganz altfranzösisch ist, befindet sich im Brittischen
Museum, und enthält nur 3529 Verse. Unter den Reimen sind aber
viele nicht altfranzösisch, sondern provenzalisch, ein neuer Beweis für
die provenzalische Ursprünglichkeit des Gedichts. Ich habe mir früh=
zeitig eine vollständige Abschrift davon verschafft; auch ist sie später
von Fr. Michel herausgegeben worden. Die vierte, D, besteht nur
aus einem Bruchstück von 5 Blättern oder 330 Versen, und hat eben=
falls einen mehr altfranzösischen Charakter. Zwei von diesen Blättern
sind obendrein stark beschädigt. Sie wurde in Passy bei Paris als

Deckel eines Notarregifters gefunden, und gehört jetzt Paul Meyer in Paris, oder wie die Franzosen ihn aussprechen, Poll Méyère. Der rein provenzalische Text von A ist in zwei Ausgaben vorhanden, die erste von Conr. Hofmann in München (vom Jahre 1855), die zweite von Fr. Michel (vom Jahre 1856). Außerdem hat Raynouard in dem ersten Theile seines Lexique Roman einen 1376 Verse umfassenden Auszug aus diesem Epos geliefert. Die Ausgabe von Hofmann ist eine kritische, so weit dies zu erreichen war, wenn man nur eine Handschrift vor sich hat. Hofmann hat viele Stellen glücklich verbessert, indem seine Verbesserungen durch den später zugänglich gewordenen Oxforder Codex bestätigt wurden; viele andere mußte er unangetastet lassen, die nur durch Vergleichung mit B hergestellt werden konnten, und an noch anderen Stellen müssen seine Conjecturen, wie ja dies nicht zu vermeiden ist, durch andere ersetzt werden. Es ist aber im Ganzen eine sehr lobenswerthe Ausgabe. Die Ausgabe von Fr. Michel schließt sich mehr an die Handschrift an, und stellt dieselbe überall, wo derselbe richtig gelesen hat, da sie keine kritische sein sollte oder konnte, buchstäblicher als die Hofmannsche dar. Nun ist es aber für einen Leser und Erklärer dieses Epos äußerst wichtig ganz genau zu wissen, nicht nur wie die Handschrift äußerlich beschaffen ist, ob sie leicht oder schwer zu lesen ist, wie die Gestalt mancher Buchstaben aussieht, z. B. das c und t und r und e und o, ob manches verwischt und undeutlich ist, sondern ganz besonders auch, was wirklich genau in der Handschrift steht und was nicht, und wo beide Ausgaben von derselben abweichen. Durch die Hofmannsche Ausgabe würde man mehr von der ursprünglichen Lesart der Handschrift erfahren haben, wenn Hofmann damahls den versprochenen Commentar geliefert hätte. Ich hielt es daher für eine dringende Aufgabe, um meine Erklärung des Rossilho an der Berliner Akademie für moderne Philologie zu vervollkommnen und zu vervollständigen, beide Texte, sowohl von Hofmann als von Fr. Michel, mit der Handschrift noch einmahl zu collationiren. Ich begab mich daher im Sommer von 1873 zu diesem Zwecke nach Paris, und habe diese Collation in 3 Wochen oder in 108 Arbeitsstunden zu Stande gebracht. Das Resultat war ein bedeutendes; ich bin dadurch in den Stand gesetzt, eine große Zahl von Stellen besser zu verstehen und zu erklären, und mir von vielen zweifelhaften Dingen bessere Rechenschaft abzulegen, was ohne diese Autopsie ganz unmöglich gewesen wäre. Wie wichtig die Zuverlässigkeit der Texte auch für den Etymologen ist, und wie wünschenswerth, wenn es immer anginge, selbst die Autopsie der Handschriften sein würde, will ich nur an einem einzigen Beispiele zeigen. Diez hält in seinem etymologischen Wörterbuche der romanischen Sprachen das aus der Hofmannschen Ausgabe des Rossilho B. 1155 gezogene edeleno für eine Nebenform von dem B. 2183 vorkommenden adeleno (ahd. adaline, ediling, von hoher Geburt); allein dieses edeleno findet sich in der Handschrift nicht; dort steht eben so wie in dem Oxforder Codex de beleno, welches durch „gewagt" erklärt werden muß. Dieses edeleno war weiter nichts als eine Conjectur Hofmanns, was freilich Diez im Vertrauen auf die Ursprünglichkeit des Textes nicht wissen konnte. Wenn dieses edelenc wirklich existirt hätte, so wäre es natürlich ein sehr schöner romanischer Repräsentant des deutschen ediling gewesen; so hat es aber Hofmann, wenn auch sehr sinnreich, nur vermuthet, und keine Gelegenheit gehabt, in dem versprochenen Commentar anzugeben, daß es nur eine Vermuthung von ihm war. (Was dieses V. 1155 vorkommende belenc selbst in der Verbindung motz de belenc betrifft, wofür B richtiger molt de belenc liest, so sieht man sich bei Raynouard und Rochegube vergebens nach einer Erklärung um. Ich halte belenc für das mittellateinische belencus, i. e. ludus aleatorius, afrz. berlenc, brelenc, das Brett zum Würfelspiel, neufrz. brelan, ein Kartenspiel, vom deutschen bretlin, bretling, Brettchen (cf. Diez Wb. 2,230); molt de belenc ist also: sehr gewagt. Ein anderes belenc scheint im Provenzalischen Felsen oder Abhang bedeutet zu haben (Diez Wb. 2,213). Es ist nicht ganz unwahrscheinlich, daß der Felsen oder belenc von seiner abschüssigen Gefährlichkeit den Namen erhalten habe).

Obgleich wir nun den Rossilho nach der Hschr. A in einem fast ganz rein provenzalischen Text besitzen, so ist derselbe eben so wenig als in B, der Urtext. Dieser war offenbar in einem Dialect geschrieben, der sich dem Nordfranzösischen näherte, aber doch weit mehr provenzalisch war als der in B enthaltene. Daher die überraschende Erscheinung, daß A altfranzösische Wörter und Formen und B echt provenzälische einmischen, die nun mit der großen Mehrzahl der übrigen Wörter und Formen in Widerspruch stehen. So z. B. in A (V. 1014) maint, Präs. Conj. für men, ot (V. 84) für ac (V. 79), und in B ac für ot, soit für sie, caut für cal, des für dels. Um den Charakter der Sprache oder des Dialects zu bestimmen, in welchem unser Epos im Urtexte verfaßt war, muß hauptsächlich der Reim als Maßstab dienen; es ist aber kein untrüglicher; denn auch manche Reime scheinen in B französirt, z. B. bie in ous, wofür sich das Richtige, also hier in on, wie in cobeitos, außerhalb des Reimes befindet. Es ist also das Echte wohl meistens in den Reimen, aber doch auch außerhalb derselben zu finden. Kommt ein Wort oder eine Form immer in beiden in gleicher Gestalt vor, so spricht dies für die Ursprünglichkeit und Echtheit, aber ausgemacht ist es nicht, da es der durchgehends ausgeführten Französirung angehören kann, wie z. B. die Abstumpfung eines jeden a in den Endungen zu e innerhalb und außerhalb des Reimes in B und natürlich auch in C. Dagegen zeigen die hier und da falschen Reime in A, daß auch dieses nicht der Urtext sein kann, z. B. V. 2537 suari für suaire, sanctuari für sanctuaire. Freilich sind gewiß auch viele von den Abschreibern verderbte Reime und selbst dichterische Licenzen darunter; z. B. V. 189 stand im Urtext sicherlich trat als Licenz, der Abschreiber stellte das richtige trap (wie es V. 113 steht, im Reim V. 348 auch trau) her, das aber nunmehr nicht reimt. So ist tors V. 228 eine entschiedene Licenz. So V. 292 estit für estat, und zum Masfulinum gemacht. Wiederum zeigen aber auch viele Reime in B, daß die Sprache des Urtextes mehr provenzal.

lifch als altfranzöfifch war, z. B. die Infinitive nach der erften Conjugation in ar, die Participia in at, die Reime in ac; z. B. ac für afrz. ot, plac für afrz. plaut, pleut, plot, plut, plout; jac (auch in der Mitte, Geb. 4, p. 260, Z. 14. v. u.) für afrz. jut, giut, etc.

Es fragt fich nun, welchen Text follen wir einer Ausgabe unferes Epos zu Grunde legen, A oder B? Ich erkläre mich für A, wenn auch B vollftänbiger unb vollkommener erhalten ift. Denn da das Gebicht urfprünglich provenzalifch, wenn auch mit bialectifcher Färbung, gebichtet ober gefchrieben war, fo ftebt A in feiner fprachlichen Geftalt, außer in einigen wenigen Reimen, bem Urtext näher als B, beffen Text fich zu febr bem Norbfranzöfifchen nähert. P. Meyer bagegen erklärt fich für B, baber er in feinem Recueil d'ancien textes für bie barin enthaltenen 655 Berfe B faft gänzlich zu Grunde legt, fich aber auch Streifzüge in A hinein erlaubt; im Ganzen jeboch behält fein Text noch febr eine norbfranzöfifche Farbe. P. Meyer folgt bei feinen Abweichungen von B burchaus keinen feften Grunbfäßen; balb fiebt man ein Beftreben nach Gleichförmigkeit, unb balb fiebt man es wieder aufgegeben unb bagegen gehanbelt; es herrfcht keine Folgerichtigkeit. Der Charakter von B ift burch bas Beftreben, ben Text mehr provenzalifch zu machen von ihm vielfach verwifcht worden, ohne baß es ihm möglich war, etwas ausreichenb Principielles in Beziehung auf bie Befch-ffenheit unb Geftalt ber Sprache bes Urtextes aufzuftellen unb burchzuführen. Es ift überhaupt nicht rathfam, an biefem Ober forder Texte fprachliche Veränberungen vorzunehmen, ba hier ber fubjectiven Anficht unb Willkür ein zu großer Spielraum geftattet ift. Die ganze urfprüngliche Form läßt fich boch nicht herftellen. Die wirkliche Sprache ober ber wirkliche Dialect bes Urtextes als ein Ganzes wirb ftets ein Geheimniß bleiben. Es genügt, folche Punkte in Anmerkungen anzubeuten, wo man entfchiebene Gallicismen vor fich zu haben glaubt, unb wie fie unb warum fie in Provenzalifches umgewandelt werden können. Einige Beifpiele von Mangel an Folgerichtigkeit bei P. Meyer: Für provenzalifches a vor n hat B gewöhnlich ben franzöfifchen Diphthong ai; P. M. fchreibt baber für bas textliche ainc ftets mehr provenzalifch anc, welches wohl ber Sprache bes Urtextes angehören wirb, indem fich auch hier unb ba noch einige anc (z. B. Gebichte 4,257; 4,258,9 unb im Reim 4,260 Mitte) finben, bie ber Abfchreiber ober Diaffeuaft zu franzöfiren vergeffen hat; bem gemäß wirb von P. M. bas textliche sainz, saint in bas prov. sanz, sant verwanbelt; an mebr als einer Stelle (v. 461, 493, 622) wirb es auch wieder beibehalten. Er fchreibt überall ac für ot, ba auch ein Paar vereinzelte ac außerhalb bes Reims unb immer im Reim vorkommen; baburch wirb bie 3 praes. sg. echt provenzalifch, aber bie 3 pl. afrz. ont für pr. ant wirb beibehalten, obgleich auch provenzalifch ant außerhalb bes Reimes (z. B. Geb. I, p. 219, 46. 221, 31. 39) ftehen geblieben unb nicht französirt worden finb. Er fetzt ferner au, er hört, für ot, au, ich höre, für oi; v. 650 ift aber auf einmahl oi, ich höre, wieder beibehalten. Für au fetzt er oft al, oft behält er es auch bei; B. 118 fchreibt er tal für tau,

B. 110 bleibt es stehen; B. 481 setzt er mal dire für maudire, und gleich darauf B. 482 maudire und B. 483 mautraire für maltraire im Parisiensis. Deus für deus und dex hätte er überall schreiben müssen, aber er schreibt entweder deus für deus, oder dex für dex, und doch zuweilen auch deus für dex. Für ocire B. 398 setzt er pr. aucire, dagegen B. 476 bleibt ocis für ocis stehen, während B. 205 bei ihm und in beiden Codices aus dem Urtert aucis steht. Sieht man 7 Mahl canz für cans geschrieben, so denkt man, halt! nach der liquida n schreibt P. M. z für s, aber bieser Glaube wird wieder vernichtet, da umgekehrt grans für granz und vilans für vilanz geschrieben steht, und auch s für s (B. 98 segurans, 100 paians) zugelassen wird. Gewöhnlich schreibt P. M. dux für dux, und dus für dus, B. 343 steht aber auf einmahl dux für dus. B. 466 im Reim und B.563 außerhalb des Reimes steht richtig Nom. mullers für mullers, B. 477 u. 484 aber unrichtig Nom. muller für mullers, also eine auffallende Vernachläffigung der Regel und Nichtbeachtung der Handschrift. B. 196 steht lautres für lautres, B. 584 ohne Grund lautre für lautres. Im Reim wurde das s des Nominativs, wenn es erforderlich war, sicherlich geopfert, daher können wir nicht gegen O L und P und den Reim B. 79 bars schreiben; umgekehrt ist auch B. 121 u. 122 lavat, resudat für lavaz, resudaz nicht zulässig, da im Reim die Regel nicht beachtet wird; daher dicht neben einander: e furbit a cansil e resudaz; also B. 129 auch nicht nat für naz zu ändern ist. Für fu steht immer fu; son für fu im Reim (B. 48. 236) begreift sich, warum aber B. 164 son für fu außerhalb des Reimes (mit Vorbehalt der richtigen Abschrift in Geb. 4,206) gesetzt wird, begreift sich nicht. B. 49 wird que für qui gesetzt, B. 498 dagegen qui für que, obgleich es in beiden Fällen der Nominativ ist. B. 63 setzt er mei für mi, und doch B. 77 wieder mi für mi. B. 434 schreibt er per statt por, B. 449 und 622 bleibt es stehen, eben so porque B. 619 und porquei B.410, da es doch provenzalisch immer per heißen müßte, wie es B. 542 bei P. M. und in der Handschrift steht. Vor Labialen schreibt P.M. m für n, z. B. lumbrer statt lunbrer B. 471, campel für canpel 475, weil cambon 593 auch in der Handschrift steht; auch für n am Ende der Wörter setzt er m, z. B. om für on 404, num für nun 146, esc hivem für eschiven 504, und doch wieder B. 493 menbre menbre, und B. 885 ranproners für ranproners. B. 507 würde ich für das handschriftliche camiaz auch nicht canjaz geschrieben haben, da wir nun nicht erfahren, daß das ursprünglichere und mehr provenzalische camjar doch auch einmahl der Französirung entgangen war; allerdings kommt auch prov. canjar vor; aber doch nur selten. Gewöhnlich wird von P. M. ier für er gesetzt, z. B. mostier für moster, quier für quer 363, chevalier für chevaler 197, 199, folchier für folcher 561, B. 190 bleibt auf einmahl folcher wieder stehen. B. 67 wird für tendrai der Handschrift rendrai geschrieben, B. 85 bleibt tendrai in derselben Verbindung umangetastet. B. 55 ist avons in avem geändert, weil es (z. B. Geb. 2, 83) vorkommt, B. 72 dagegen ist das echt französische (nos) suns (norm. sums, Burg. 1, 259) für pr. em (= sem) unberührt gelassen, obgleich pr. am für em (Geb. 2, 78, 3. 17 v. u.) zu lesen steht. Und so könnte ich der Ungleichheiten und Unfolgerichtigkeiten noch gar manche anführen; doch diese werden genügen. P. Meyer, der gegen andere sehr streng zu sein pflegt, gewöhnlich mit Recht, zuweilen mit Unrecht, wird eingestehen müssen, daß er dieses Mahl selbst auf einem fahlen Pferde gesehen worden ist. Abgesehen von diesen Unfolgerichtigkeiten, Widersprüchen und nicht ganz richtigen Grundsätzen ist der Text von ihm in anderer Beziehung mit kritischer Umsicht behandelt worden und sticht vortheilhaft gegen den von einem bekannten französischen Gelehrten herausgegebenen Text von A ab. Außerdem hat P. Meyer den Oxforder Text weit richtiger gelesen als manche andere. Man sieht hieraus, daß, um den Oxforder Text richtig lesen und abschreiben zu können, man nicht bloß alte Handschriften überhaupt lesen gelernt haben, sondern zugleich ein vollendeter Kenner des Provenzalischen und Altfranzösischen sein muß. Die große Schwäche der meisten Abschreiber ist, daß, wenn sie nicht vollkommene Kenner der Sprache des ihnen vorliegenden Textes sind, sie, außer manchen andern Fehlern, beständig gewisse Buchstaben mit einander verwechseln, namentlich, daß sie die n für u und umgekehrt die u für n halten, daß sie t für c, r für t, i für r, e für o und umgekehrt lesen, was nachher zu vielen Zweifeln und Mißverständnissen Anlaß giebt. In wiefern gegen manche Conjecturen und Gestaltungen des Textes selbst ein Einwand erhoben werden könnte, das werde ich einer anderen Gelegenheit überlassen. So würde ich V. 106 auf keinen Fall fregunde (de sanc) schreiben, welches gar keinen Sinn hat, statt fegunde der Handschrift, welches einen sehr guten Sinn giebt, nämlich: reich, ergiebig an Blut.

Das nächste Interesse erregt ein Epos aus dem Sagenkreise des Artus und der Tafelrunde, genannt Jaufre. (Jaufre ist nicht Gottfried, hat aber ungefähr denselben Sinn; altd. ist es Gôzfrid, und dieses Gôz ist altn. Gautr oder Gauti, goth. Gauts, agf. Geât, ein Beiname Odin's (cf. Grimm Mythol. 1,841) franz. Geoffroi. Gottfried ist prov. Godafrei, franz. Godefroi; aber durch das Französische trat eine Verwirrung ein, indem Geoffroi auch für identisch mit Godefroi angesehen wurde. Schlägt man in Deutschfranzösischen Wbb. den Namen Gottfried nach, so findet man dafür Geoffroi und Godefroi; das erstere ist aber eigentlich falsch). Es wurde spätestens um die Mitte des 13. Jahrhunderts verfaßt, von zwei verschiedenen, jedoch nicht genannten Verfassern, wie man am Schlusse des Werkes erfährt. Aus V. 60—86 geht hervor, daß das Gedicht zur Zeit eines Königs von Aragon geschrieben wurde. Raynouard und Fauriel bezogen dies auf Petrus II (1196—1213). Andere riethen auf Jacob I. oder Petrus III. Die diesem Könige von Aragon in dem Gedichte zugeschriebenen Eigenschaften passen aber, wie aus E. A. Schmidt's Geschichte von Aragonien hervorgeht, weder auf Petrus II. noch auf Petrus III., sondern einzig auf Jacob oder Jayme I. (von 1213—1276), unter dessen Regierung also das Gedicht entstanden ist. Schon im fünften Jahre war er König (anc en tan jove coronat), Petrus III. dagegen bestieg erst im 40. Jahre seines Lebens den Thron; im

Jahre 1225 fand sein erster siegreicher Feldzug gegen die Sarazenen Statt (ans en la primeira batalba/faita per el, el a vencutz/ cels per que deus es mescrezutz). Auch O. Petry und Professor A. Tobler erklären sich für Jacob I. Bartsch läßt es unentschieden. Das Gedicht enthält 11000 acht- und neunsylbige Verse, die paarweise gereimt sind. Dasselbe schildert die wunderbaren Abenteuer und Heldenthaten des jungen Ritters der Tafelrunde Jaufre, den Wolfram von Eschenbach mehrere Mahle als einen solchen Ritter erwähnt, seine Liebe zu der schönen ihm geneigten Brunessen von Monbrun, und endlich seine Vermählung mit derselben, die an Artus Hofe mit großer Feierlichkeit und Pracht begangen wird. Was den poetischen Werth betrifft, so gehört dieses Epos oder dieser Roman zu den vorzüglichsten der älteren romanischen Litteraturen, und der Held desselben erinnert vielfach an den deutschen, aber ursprünglich provenzalischen Parzival. In philologischer Beziehung gehört er zu den leichtesten provenzalischen Gedichten, die man lesen kann, und eignet sich daher ungemein zu einem Lesebuche für Anfänger. Es ist dieses Epos nur in zwei Pariser Handschriften erhalten; außerdem befindet sich noch ein ausgezogenes Bruchstück in einer Vaticanischen Handschrift. Die älteste ist die eine Pariser, also A zu nennen; sie führt die Nummer Mss. fr. 2164 in klein 4. Sie ist sehr verwahrlost und beschädigt worden. Einzelne Blätter sind herausgerissen, andere befinden sich nicht in der richtigen Aufeinanderfolge, und ganze Seiten sind so verwischt, daß sie kaum mit einer Loupe und nur mit Hülfe des anderen Manuscripts einigermaßen gelesen werden können. Die Handschrift ist durch zahlreiche, aber ganz kunstlos und roh gemahlte Miniaturen illustrirt. Die zweite Pariser Handschrift (B) mit der Nummer Mss. fr. 12571 ist jünger, aber schöner und deutlicher geschrieben, und verdient daher, einer Ausgabe des Jaufre zu Grunde gelegt zu werden. Das Bruchstück befindet sich in der Vaticanischen Liederhandschrift No. 3206; es ist eigentlich ein aus vier kleineren Bruchstücken bestehendes größeres Bruchstück von ungefähr 1000 Versen, das wegen seines mehr lyrischen Inhalts in diese Handschrift aufgenommen worden zu sein scheint. Raynouard hat das Gedicht mit zahlreichen Lücken und Auslassungen, die aber den Gang der Handlung nicht beeinträchtigen, im ersten Bande seines Lexique Roman hauptsächlich nach Handschrift B abdrucken lassen, und Conr. Hofmann hat diese Auslassungen in den Sitzungsberichten der Münchener Akademie vom Jahre 1868, II, p. 167—198, 343—366 zu ergänzen gesucht, so daß das Gedicht vollständig vorliegt; überdies hat Otto Petry in einem anziehenden Programm der städtischen Gewerbeschule zu Remscheid über Jaufre eine neue kritische Ausgabe desselben versprochen. Ich selbst habe ein großes Stück des Anfangs nach beiden Pariser Handschriften abgeschrieben, welches ich in kurzem herauszugeben und mit Commentar und Glossar zu versehen gedenke. Außerdem habe ich noch ungefähr 500 von den schon in meinem Besitz sich befindenden Liedern aus der guten Handschrift C, d. i. Mss. fr. No. 856, ehemahls 7226, collationirt und dadurch manchen schlimmen Fehler der von mir beauftrag-

ten Abschreiber beseitigt, welche sämmtlich im 5ten Bande der Gedichte
der Troubadours zum Abbruck gelangen werden.

Wenn also um die Mitte des 13. Jahrhunderts noch ein so um-
fangreiches rein provenzalisches Epos mit ganz selbstständigem Inhalt
verfaßt werden konnte, wie durfte man es nur wagen, wie es soviele
gethan haben, der früheren Zeit zahlreiche epische Gedichte abzu-
sprechen, weil, obgleich so oft bei den lyrischen und bidaktischen Dichtern darauf angespielt wird, aus begreiflichen Ursachen nur eins oder
zwei bis auf uns gekommen sind. Es giebt gewisse Kritiker, die nur
an die Existenz dessen glauben, was ihnen wirklich vorgelegt werden
kann, und was sie also mit den Händen betasten können, so wie es
Geschichtsschreiber und Geschichtsforscher giebt, die da glauben, daß
die Geschichte erst da anfängt, als man die Thatsachen zu verzeichnen
anfing, und so weit diese Verzeichnisse auf uns gekommen sind. Wäre
das in nur einer Handschrift erhaltene Fragment des provenzalischen
episch-bidaktischen Gedichts Boëthius (258 Verse im 10sylbigen epischen Versmaß aus der Mitte des 10ten Jahrhunderts) und der eben-
falls nur in einer Handschrift unvollständig erhaltene provenzalische
Girartz de Rossilho auch untergegangen, und wie leicht hätte das
nicht geschehen können, so würde sicherlich, trotz aller Anspielungen
bei den lyrischen und bidaktischen Dichtern, ihre ehemahlige Existenz
von dieser Art Kritikern dreist geläugnet worden sein. Und selbst ein
im 13. Jahrhundert entstandenes episches Gedicht ist nur in 2 Handschriften vorhanden, und in einem durch Italien, wo kein hand-
schriftenvertilgender Albigenserkrieg und keine französische nicht bloß
Königsgräber vernichtende, sondern auch Hss. nicht verschonende
Staatsumwälzung müthete, geretteten Fragment. Selbst von dem
noch späteren historischen Gedicht „der Albigenserkrieg" giebt es
nur eine einzige Handschrift und ein Paar Fragmente. Und wie steht
es mit den späteren Lyrikern? Sind die Werke keines von ihnen ver-
loren gegangen? Auch hier haben wir den Verlust der sämmtlichen
Lieder und Werke gar manchen Dichters, von dessen Existenz wir
Gewißheit haben, zu beklagen; und ist es nicht auch bemerkenswerth,
daß, obgleich wir mehr als 20 Handschriften oder Sammlungen der
lyrischen Gedichte der Troubadours besitzen, uns so viele Lieder nur in
einer einzigen Handschrift aufbewahrt worden sind? Von Cercamon
wird in seiner Biographie (Mahn, Biogr. der Troub. No. 65) aus-
drücklich erwähnt, daß er Verse und Pastourellen nach der alten volksthümlichen Manier gedichtet habe. Grade diese den epischen Charakter an sich tragenden Gedichte sind untergegangen, während sich
von den lyrischen Gedichten oder den nach der neuen Manier gedichte-
ten Liedern 4 von ihm erhalten haben). Daß es provenzalische epische
Gedichte von den Thaten Karls des Großen, deren Schauplatz in
Südfrankreich und Spanien war, gegeben haben muß, liegt in der
Natur der Sache. Wenn Guiraut von Cabreira zu dem Spielmann
Cabra sagt: „Non sabs ies/de la gran iesta de carlon/con en trans-
portz/per son esfortz/intret en espaingua abandon/de ronssahal/
los colps mortals/qe feron dotze conpaignon/ con foron mort/ e
pres a tort/trait pel trachor goanelon/al amirat/per gran pechat/

et al bon rei marselion", also kurz den Inhalt des provenzalischen, aber nur in französischer Version erhaltenen Rolandsliedes angiebt, so hat das für die Kritik denselben Werth als wenn er weiter hin sagt: „Non sabs cos va/ del duc augier/ ni dolivier/ ni destout/ ni de salomon/ ni de loer/ ni de rainier/ ni de girart de rossillon?" Er kannte also eben so gut provenzalische Epen von Karl dem Großen und von Roland wie von Girart be Roussillon. Man hat gemeint, daß in jener Epoche (im 12. und 13. Jahrhundert) die Verbreitung französischer Dichtungen auch im Süden schon sehr groß war, wofür man den Beweis aus dem Grunde schuldig geblieben ist, weil er überhaupt nicht beizubringen ist. Es wäre doch sonderbar, wenn die Spielleute die von Cabreira und Calanson angeführten vielen Epen ihrem provenzalischen Publikum in nordfranzösischer Sprache vorgetragen hätten und hätten vortragen können. Daß wohl ein oder der andere epische Stoff von den Nordfranzosen entlehnt wurde, ist einleuchtend, aber in der Originalsprache konnte er nicht vorgetragen werden, er mußte ins Provenzalische übersetzt werden, wie es z. B. mit dem Fierabras geschehen ist. Die Mehrzahl indessen der von den beiden bidaktischen Dichtern erwähnten epischen Stoffe war zuerst und ursprünglich in provenzalischer Sprache behandelt worden. Auch der Parzival war zuerst in provenzalischer Sprache verfaßt, indem Wolfram von Eschenbach den Provenzalen Kiot, b. i. Guiot, als seine Quelle anführt, die Sage sich auf Südfrankreich bezieht, daher ein provenzalischer Dichter des 12. Jahrhunderts, Raimbaut von Vaqueiras Parzivals Abenteuer mit Granet, dem rothen Ritter, erwähnt (Anc Persavals, quanten la cort d'Artus Tolc las armas al cavalier vermelh, Non ac tal gaug cum ieu del sieu cosselh. Mahn Werke der Troub. I, 366), und auch einige provenzalische Namen darin vorkommen. Ueberdies ist Parzival der erste und einzige Ritter, der Tournieren in der Provence beiwohnt. Noch vier andere Anspielungen provenzalischer Dichter beziehen sich alle auf merkwürdige Lagen Parzivals, die nur in Wolfram von Eschenbachs Parzival uns erhalten sind.

Aus allem diesem wird man ersehen, was für einen Werth die dreisten Behauptungen derjenigen Kritiker haben, daß es keine reiche provenzalische epische Poesie gab, weil nicht genug davon erhalten ist. Gerade eben so vernünftig, als wenn man behaupten wollte, daß von den 54 Lustspielen des Aristophanes 43 nicht geschrieben worden sind, weil nur 11 erhalten sind.

Obgleich ich oben S. 8 behauptet habe, daß der wirkliche Dialect des Urtextes als ein Ganzes oder in allen seinen Einzelheiten wohl stets ein Geheimniß bleiben werde, und es nicht rathsam sei, an dem Oxforder Texte bloß hier und da ohne feste Principien einige Veränderungen vorzunehmen, so will ich damit nicht gesagt haben, daß man keine Versuche machen solle, den Urtext so annäherungsweise als möglich herzustellen, wenn man nur folgerichtig verfährt, umfassende Principien aufstellt, dafür die sprachlichen Beweise beibringt, und besonders auch was entschieden altfranzösisch ist streng auszuscheiben sucht. Eben so wie man annäherungsweise und mit großer Wahrscheinlichkeit eine indo-celtische Ursprache aufgestellt hat, so läßt sich unter gewissen Vorbehalten und mit Anwartschaft auf spätere Verbefferungen oder Veränderungen ein Urtext des Rossilho aufstellen, der verschieben von dem Paul Meyer'schen Text wird ausfallen müffen, da diefer nicht folgerichtig genug mit sich selbst übereinstimmt, und noch zu deutlich die norbfranzöfische Farbe an sich trägt. Ich will hier nur ein kurzes Beispiel beibringen, wie nach meiner Ansicht der Urtext sich etwa gestalten müßte. A wird den Parifer, B den Oxforber, C den Paul Meyerschen Text und D meinen vorläufigen Urtext darstellen.

A) Ausgabe des Rossilho von Hofmann, p. 55.
Anc de forsor batalha n'ausi retraire,
Quar no fo nul aitaus (Hs. fo. mil aitàns) pos (Hs. por)
dieus ac maire,
F. e G. i pert cascus son paire.
Er no vos cal dels mortz hui mais retraire,
Las armas aia dieus, los cors suari.
Quan la guerra finava, a mo veiaire,
G. en fetz mostiers no sai quans faire,
En que mas assatz morgues e sanctuari.
G. a Rossilho torna son aire,
En Proensa s'en van F. e siei fraire,
K. lo reis en Fransa si se (Hs. s'en) repaire.

B) Mahn Ged. der Troub. Bd. 4, p. 294.
Ainc de forcor bataille naui retraire,
Car ne fu nule aitaus pos dex ot maire,
Folche e girarz i pert cascuns son paire;
E ne nos caut des mors mais hui retraire,
Les anmes aient deu, li cors suarie.
Quan la gerre finet au main uiaire,
Girarz en fez mosters ne sai cans faire,
En quel mes assaz monges a saintuaire.
Girarz a Rossillon torne son aire,
En provence sen uait folche e seu fraire,
Carles li reis en france si sen repaire.

C) P. Meyer Recueil d'anciens textes, p. 44.
Anc de forçor bataille n'aui retraire,
Car ne fu nule itaus pois Deus ac maire.
Folche e Girarz i pert cascuns son paire.
Er ne nos caut des mors hoi mais retraire,
Les anmes aient Deu, li cors suaire!
Quant la gerre finet, au meu viaire,
Girarz en fes mostiers, ne sai canz, faire,
En qu'el mes assaz monges e santuaire.
Girarz a Rossillon torne a son aire;
En Provence s'en vait Folche e seu fraire;
Carles li reis en France si s'en repaire,

D) Anc de forsor batalha n'aui (ob. n'auzi) retraire,
Quar no fu (ob. fo) nul' aitaus, pos Deus (Dieus) ac
maire.
Folque e Girartz i pert cascuns (cascus) son paire.
Er no nos cal dels mortz hui mais retraire,
Las anmas (armas) aia Deus (Dieus), los cors suaire!
Quant (quan) la guerra finet, a mon vei aire,
Girartz en fetz mosters (mostiers) no sai quans faire,
En qu'el mes assatz monges (morgues) e sanctuaire
(saintuaire),
Girartz a Rossilho torn' a son aire,
En Provensa (Proensa) s'en van Folque e sei (siei)
fraire,
Karles lo reis en Fransa si s'en repaire.

Schließlich erlaube ich mir, ein Specimen der von mir beabsichtigten Ausgabe des Jaufre als zweckmäßiges Lesebuch für Anfänger
mitzutheilen. Dieselbe wird in ihrem Text kritisch nach beiden Handschriften gestaltet werden, d. h. es wird zwar der Text von B zu
Grunde gelegt werden; aber, wenn sich, wie oft, bessere Lesarten in
A finden, so werden diese in den Text aufgenommen werden, jedoch
ohne daß dies in besonderen Anmerkungen dem Leser angezeigt wird;
denn, da ich diese Ausgabe des Jaufre wegen Leichtigkeit der Sprache
hauptsächlich für Anfänger bestimme, so halte ich dieses für unnütz
und störend. Zahlreiche kritische Anmerkungen mit Angabe der Lesarten vieler oder aller Handschriften in Lesebüchern und Chrestomathien, die doch ihrer Natur nach hauptsächlich für Anfänger bestimmt
sind, scheinen mir unpassend; sie sind nur brauchbar für den geübten
Kenner und Erklärer. Für den Anfänger paßt nur ein glatter ohne
Weiteres nach bester An und Einsicht des Herausgebers hergestellter
Text; für vorgeschrittene Kenner dürfte wohl die von Otto Petry
versprochene Ausgabe mit kritischen Anmerkungen und Angabe der
verschiedenen Lesarten sorgen. Die einsichtsvolleren Germanisten,
wie z. B. Wackernagel, geben daher auch mit richtigem Tacte dergleichen Fülle von Varianten, oft ganz falschen Lesarten und Schreibfehlern der Handschriften in ihren Lesebüchern entweder gar nicht
oder nur mit sehr sparsamer Auswahl. Zu einer Ausgabe des Nibelungenliedes für Anfänger paßt keine Sammlung von Lesarten und
Schreibfehlern, so wie sie für Geübtere, Erklärer und Docenten in
eine Ausgabe nach Lachmannscher Art gehört. Wie sehr diese Angabe
der Lesarten ein überflüssiger Luxus für die Anfänger ist, und nur
brauchbar für die weiter Vorgeschrittenen und Docenten, die zugleich
im Besitz aller vorhandenen Hülfsmittel sind, geht auch daraus
hervor, daß die in diesen Lesarten vorkommenden neuen Wörter in
dem den Lesebüchern gewöhnlich beigefügten Glossar nicht erklärt
werden, und also von dem Anfänger, der in der Regel doch nicht im
Besitz der übrigen, eben nicht leicht anzuschaffenden Hülfsmittel ist,
vielfach gar nicht verstanden werden können. Für ihn ist es also mehr

rubbish, mere trash. Jn biefer Rücfidjt auf Anfänger habe idj baher audj ber Orthographie gegen bie Handfdriften und gegen Raynouard eine allgemeinere und gleichförmigere Geftalt gegeben; z. B. bie erweidjten l und n find ftets, wie in Diezens Grammatif, burdj lh und nh ausgebrüdt, nidjt wie in ben Handfdriften, bie bald ll, ill, il, gn, ing, ign, ingn, balb lh und nh fdjreiben.

Jaufre.

D'un conte de bona maneira,
D'azauta razon vertadeira,
De sens e de chavalarias
D'ardimens e de cortesias,
De proezas e d'aventuras,
De fortz, d'estranhas e de duras,
D'asautz, d'encontre e de batalha,
Podetz auzir la comensalha,
Que se voletz eus en dirai
Aitant com ai auzit ni sai,   10
E digatz m'en so qu'en volretz,
Sieus en dic, si m'escotaretz,
Ni sim volretz de cor entendre,
Car hom non deu comprar ni vendre,
Ni l'us a l'autre conselhar,
Cant au bonas novas contar,
Que quant no son ben entendudas
A cels que las ditz son perdudas
Et acels non valon gaire
Que las auzon a mon veiaire   20
I enfrel cor no las enteudon
Per las aurelas descendon,
Que aiso son novas rials,
Grans e ricas e naturals
De la cort del bon rei Artus;
Et ànc nos fes ab el negus
Que fos en aquella sazon
De bon pretz ni de mession.
Tan fon pros e de gran valor,
Que ja non morra sa lauzor;   30
Car ja sempre seran retrachas
Las grans proezas qu'el a fachas,
Eill bon chavalier mentagut
Qu'en sa cort foron elegut,
Que a la taula redonda vengron,
E las proezas qu'il mantengron;
Et anc hom noi veno conselh querre
Per tal que dreitz pogues proferre
Que s'en anes desconselhatz;

Mais tortz anc no i fon escoltatz.   40
Tant fon sa cortz leals e' bona
Que negus hom tort no i razona,
Ni anc hom per chavalaria
No i venc qu'en tornes a fadia,
Ni per guerra ni per batalha.
Anc en sa cort non trobet falha
Negus hom per ren que i volgues
Per qualque ops quel i vengues.
Vezoas domnas, orfans enfans,
Pulcellas, donzels paucs e grans,   50
Cant a tort eran guerreiat,
Ni per forsa desereiat,
Aqui trobavan mantenensa
Aitori, secors e valensa;
Per que devon esser grazidas
Novas de tan bon loc issidas,
Em patz e sens gab escoutadas.
E ditz cel que las a rimadas
Que anc lo rei Artus non vi,
Mas contar tot plan o auzi   60
En la cort del plus honrat rei
Que anc fos de neguna lei:
Aco es lo rei d'Aragon,
Paire de pretz e filhs de don
E senher de bon' aventura,
Humils e de leial natura,
Qu'el ama dieu e tem e cre
E manten lealtat e fe,
Patz e justicia, perque deus
L'ama, car si ten ab los sieus,   70
Que li es novels cavaliers,
E de sos enemics guerriers.
Anc dieus non trobet en el falha,
Ans a la primeira batalha
Faita per el, el a vencutz   ,
Cels per que deus es mesorezutz;
Per que deus l'a tan fort honrat
Que sobre totz l'a essauzat
De pretz e de natural sen,
De galhart cor e d'ardimen.   80
Anc en tan jove coronat
Non ac tan bon aib ajustat,
Qu'el dona grans dons volontiers
A joglars et a chavaliers;
Per que, venon en sa cort tut
Aicels que per pros son tengut;
E cel qui rimet la canso

Auzi denant el la razo
Dir a un cavalier estranh,
Paren d'Artus e de Galvanh,   90
D'un' aventura que avenc
Al rei Artus, que gran cort tenc
A Carduel, una pentecosta,
On cad' an gran poble s'ajosta
Per so quel reis los en semon;
Pauc n'i venon a qui non don.
Al jorn d'aquella rica festa
Lo bons reis coronet sa testa
Et anec auzir al mostier
La missa, e tuit sei cavalier   100
De la taula redonda i foron
Que totz l'enseguon e l'onoron.
Aqui fon mossenher Galvans,
Lancelot del Lac e Tristans,
El pros Ivans el naturals
Erec, e Quexs lo senescals,
Persavals e Calogranans,
E Liges, us cavaliers prezans,
E Medis, lo ben aperceubutz,
E Foi, lo bels desconogutz,   110
E Caraduis. ab lo bratz cort,
Tuit aquist foron a la cort;
Et ac n'i mais d'autres gran ren
Qu'ieu nous dic, car no m'en soven;
E quant an l'orde tot auzit
E il son del mostier eissit,
E son s'en el palais vengut
Ab gautz, ab deport et ab brut,
E pueis comenson lor solatz
E cascus comta so quel platz.   120
Li un parlon de drudarias
Els autres de cavalarias,
E con aventuras queran
Lai on hom trobar las poiran.
Ab tant Quecx per la sala venc
Dis enuoitz et en sa man tenc
Un baston parat de pomier,
Et anc no i ac pros cavalier
Que volentiers no ill fezes via;
Car cascus sa lenga temia,   130
Per sus vilans gaps que gitava,
Car a negun honor non portava,
Que a tut li melhor dezia
So que sap que peitz li seria;
Mais estiers es pros e crezutz

E cavaliers aperceubutz,
Savis e conoissens de guerra,
Rics homs è senher de gran terra,
Aconselhatz et eissernitz;
Mas siei gab e siei vilan ditz   140
Li tolon de son pretz gran ren.
Ab aitan denant lo rei ven
E ditz: „Senher, sazons seria
De manjar oimais, sius plazia.“
El reis es se vas el giratz:
„Quexs, per enuegz a dir fos natz
E per parlar vilanamens,
Que ja sabetz vos veramens
Et avetz o vist mantas ves,
Qu'ieu non manjaria per res,   150
Que cort tant esforsada tenga,
Entro que aventura mi venga,
O qualque estranha novella
De cavalier o de piusella;
Anatz sezer a una part.“
Ab tan denan lo rei si part
Et es s'al solatz atendutz
Que fo per la sala tengutz,
On ac gens de moltas manieras,
Cavaliers, joglars, soudadieras,   160
Et an tan tengut lor solatz,
Que mieg dia fo ja passatz
E fo ja ben pres d'ora nona.
Ab aitan lo reis Artus sona
Son nebot, monsenher Galvan,
E sempre el li venc denan.
„Neps, ditz lo reis, faitz enselar
Que irem aventura cercar,
Pus vei qu'en esta cort non venon,
Que nostre cavalier so tenon   170
A mal, car lor es tan tardatz
Que ben degron aver manjatz.“
E Galvan respon mantenen:
„Senher, vostre comandamen
Er faitz.“ Puis ditz als escudiers
Que meton selas als destriers
E tragon lor garnimens fors
Don cascus puesca armar son cors
Si negus venia en besonh
El manda que negus no i ponh   180
E sia faitz de mantenen,
Els escudiers isnellamen
Son tuit ves lors ostals vengutz,

E no i es cavals remasutz
O'ades non sia enselatz,
E puis son li roncin trossatz
De perponhs e de garnisos,
E puis lo reis ab sos baros
Pueion, e lor espazas cenhon
Els escudiers las armas prendon,　　190
E tenon uas Breselianda,
Una forest que molt es granda;
E can la son preon entrat,
El reis a un pauc escoutat,
E castia c'om no i sones motz.
„Eu aug, dis el, luenh una votz
Que cre que gran mestier l'auria
Lo socors de sancta Maria,
Que deu reclama mout sovent;
Eu lai vuelh anar solament　　200
Senes totz autres companhos.“
„Senher, ans irai eu ab vos,
Ditz mossenher Galvan, sius plas,
Que sols no anaretz vos pas.“
„Neps, ditz lo reis, no 'n parletz plus,
O'ab me no i anara negus,
E no m'en sonetz mot ueimai.“
„Senher, ditz Galvan, non farai,
Mais tot a vostra volontat.“
El a son escut demandat　　210
E sa lansa, puis esperona
Vas cela part on la votz sona,
E, cant ac anat un petit,
El auzi esforsar lo crit
Molt fort e d'estranha manieira,
Ab tan venc en una ribeira,
On ac un molin ben azaut
Que a ben trenta brassas avut,
E vi a l'uisar del molin
Una femna que romp sa crin,　　220
E bat sas mas, e planh e crida
Aitori, com causa marida;
El reis es vengut volontos,
Aissi come ome piatos,
E demandal: Femna, que as?“
„Senher, aceretz me, sius plas,
C'una bestia grans et estranha,
Que venc per aquela montanha,
Mi manja el moli mon blat.
El bons reis a lains garat　　230
E vi la bestia gran e fera,

Et auiatz de cals faisos era,
Maiers fo que non es us taurs,
E sos pels fo velutz e saurs,
El col lonc e la testa granda,
Et ac de corns una auna granda,
Els uelhs son groses e redous,
E las dens grans el morre trous,
E cambas longas e grans pes,
Maiers non es us grans andes.   240
El reis es se meravilhatz,
Quan la vi, pueis es se senhatz,
E vel vos a pe descendut,
Pueis met denan son pieitz l'escut,
E trais sa espaza mantenen;
Mais la bestia no fes parven
Quel vis, ni anc sol nos crollet.
Ans tenc lo cap clin e manjet
A maiors goladas que trueia
Del blat que fo en la tremueia;   250
E cant el vi que nos movia,
Penset se, car assatz paria,
De la bestia que non fos brava,
Car per defendre nos girava;
Et al en las ancas donat
De l'espaza un colp de plat
Et encara nos moc per tan;
El reis li es vengut denan,
E fes semblan que la feris,
E la bestia parven que nol vis;   260
El reis a son escut pausat,
E puis al bon bran estuiat,
E pren la ab amdoas mans
Per los corns que son loncs e grans.
El reis es autz e grans e fortz,
E tira e secot et estortz,
Et anc sol no la poc crolar;
El reis cuiet son ponh levar,
Que la volc sus el cap ferir,
Mas anc non poc las mans partir   270
Dels corns, tan non las a tiradas
Plus que si fossen claveladas;
E can la bestia senti
Qu'n ben fon pres, leva d'aqui,
El reis estet als corns pendutz,
Fel et irat et esperdutz;
E la bestia ieis del moli
Ab el e tenc son dreit cami
Tot gen e suau e de pas

Per la forest, lai on li plas;   280
E mossenher Galvan lo pros
Era si ters am companhos,
Luenh dels autres, en un' angarda;
Et ab aitant el se regarda,
E vi la bestia fera e gran,
Que aporta els corns denan
Lo bon rei son oncl' apenden,
Per pauc non a perdut lo sen.
E pren autamen a cridar:
„Cavaliers, anem ajudar   290
A monsenher lo rei Artus;
Per deu, no s'enfuia negus;
Jamais, qui ara nol segonda,
Non er de la taula redonda,
Tuit serem per traitors tengutz,
Sel reis es per socors perdutz.“
Ab tan de l'angarda deissen,
E venc vas la bestia corren,
Que no i atendet companho
Qu'en las ancas un colp nol do,   300
Baissa la lansa per ferir,
El reis ac paor de morir,
E l'escrida: „Bels neps, merce!
No la tocs, per amor de me,
Que si tu la fers, eu sui mortz,
E si no la tocas, estortz,
Qu'eu la pogra ben aver morta;
Perquem ditz mon cor em conorta
Qu'elam portara causimen,
Car eu lol portei eissamen,   310
Qu'iratz no la volgui tocar,
Ni ela me; perque mi par
Que nom fara mal autramen,
E laissa li far son talen;
Anc no sia per ren tocada
Per nulh ome de ma mainada,
Si doncs nom volion aucir,
E vos, neps, anatz lor o dir.“
E Galvan a son colp tengut,
Et al en ploran respondut: 320
„Senher, e com poirai sufrir
Que nous defenda de morir?“
„Neps, sabetz com mi defendretz,
Sol que la bestia no toquetz.“
E el gita pore sa lansa,
E son escut del col balansa,
E al gitat luenh per gran ira.

Sprachwissenschaftliche Werke

von Prof. Dr. A. Mahn:

I. Etymologische Untersuchungen auf dem Gebiete der Romanischen Sprachen. Specimen I—XX. 1854—64. 1½ Thlr. II. Etymologische Untersuchungen über geographische Namen. Lieferung I—VIII. 1849—73. 1½ Thlr. III. Ueber den Ursprung und die Bedeutung des Namens Preuszen. 1850. 5 Sgr. IV. Denkmäler der Baskischen Sprache, mit einer Einleitung, welche von dem Studium dieser ältesten europäischen Sprache handelt und zugleich eine ausführliche Beschreibung und Charakteristik derselben enthält. 1857. 1½ Thlr. V. Die Werke der Troubadours, in Provenzalischer Sprache. Lyrische Abtheilung. 3 Bände. 1846—64. à Band 2 Thlr. VI. Die Werke der Troubadours, in Provenzalischer Sprache. Epische Abtheilung. Bd. I. Girartz de Rossilho, das älteste provenzalische und romanische Epos. 1856—57. 1½ Thlr. VII. Gedichte der Troubadours, in Provenzalischer Sprache, zum ersten Mahle und treu nach den Handschriften in den Bibliotheken Frankreichs, Italiens und Englands herausgegeben. 4 Bde. 1856—73. Bd. 1—3 à 2½ Thlr. Bd. 4. 3 Thlr. VIII. Die Biographieen der Troubadours, nebst deren Uebersetzung, in Provenzalischer Sprache, für die ersten Anfänger bearbeitet. Zweite Aufl. 1874. 20 Sgr. IX. Commentar und Glossar zu den Werken und Gedichten der Troubadours in Provenzalischer Sprache. Erste Lieferung. 1871. 7½ Sgr. Zweite Lieferung 1874. 10 Sgr. X. Ueber das Studium der provenzalischen Sprache und Litteratur nebst einigen Gedichten der Troubadours und deren Uebersetzung für die ersten Anfänger bearbeitet. Zweite Auflage. 1874. 7½ Sgr. XI. Ueber die epische Poesie der Provenzalen, besonders über die beiden vorzüglichsten Epen Jaufre und Girartz de Rossilho, sowie über die Ausgaben und Handschriften, worin sich dieselben befinden. 1874. 7½ Sgr. XII. Ueber die Entstehung, Bedeutung, Zwecke und Ziele der Romanischen Philologie. Ein Vortrag gehalten in der Versammlung deutscher Philologen und Schulmänner zu Meiszen am 1. October 1863. 6 Sgr. XIII. Ueber den Ursprung und die Bedeutung des Namens Germanen. Ein Vortrag gehalten in der Versammlung deutscher Philologen in Hannover am 29. September 1864. 10 Sgr. XIV. Die Methode Sprachen auf die leichteste, schnellste und gründlichste Art zu erlernen, theoretisch u. praktisch dargelegt u. auf die Englische, Französische, Italiänische, Spanische, Portugiesische, Provenzalische, Russische, Lateinische, Griechische und Deutsche Sprache angewandt. 16 Sgr. XV. Lehrbuch der Französischen Sprache. Analytischer, synthetischer und grammatischer Theil. 2½ Thlr. XVI. Lehrbuch der Englischen Sprache. 3 Thlr. XVII. Lehrbuch der Italiänischen Sprache. 1 Thlr. XVIII. Lehrbuch der Spanischen Sprache. 1 Thlr. XIX. Handbuch der

Deutsche Umgangssprache für Ausländer, analytisch und synthetisch. 15 Sgr. XX. Julii Caesaris Commentarii de Bello Gallico Liber I., und Titi Livii Historiarum Liber XXI, nach No. XIV. analytisch bearbeitet, zum Selbstunterricht. 25 Sgr. XXI. Xenophontis Historia Graeca Liber I, zum Selbstunterricht im Griechischen. 10.Sgr. XXII. Heyse's allgemeines verdeutschendes und erklärendes Fremdwörterbuch, sehr bereichert und besonders in etymologischer Beziehung sehr verbessert herausgegeben von Dr. K. A. F. Mahn 12te Auflage. Hannover. 1859. XXIII. A Dictionary of the English Language by Noah Webster, revised and improved by A. Goodrich and N. Porter, the Etymology by Dr. K. A. F. Mahn, of Berlin, Prussia. Springfield, Massachusetts in America. 1864. 12 Thlr. XXIV. In einiger Zeit erscheint: An English Dictionary with the Etymology and Illustration of the words by numerous examples drawn from the best writers and authorities. London. — Inhalt von II: Berlin, Potsdam, Spandau, Teltow, Cöpenick, Stolpe, Köln an der Spree, Braunschweig, Hamburg, Rostock, Wittstock, Bialystock, Paris, Lutetia Parisiorum, Madrid, Havel, Spree, Elbe, Weichsel, Oder, Rhein, Tiber, Brocken, Klint, Pichelsberg, Müggelsberge, Chimborazo, Andes (Cordilleras de los), Müggelsee, Schlachtensee (urkundl. slatsee). — Inhalt von I: *Franz.* Abri p. 5. 113. Abricot 49. Acajou 144. Accaparer 149. Affre, affreux 160. Aise 145. Albatros 141. Alcali 159. Alchimie 81. Alchimille 158. Alcohol 107. Alcove 156. Algèbre 150. Alligator 5. Almanac 129. Alouette 22. Amiral 7. 159. Ananas 109. Anchois 5. Arack 158. Ardoise 85. Arsenal 159. Artichaut 157. Bahut 58. Bâtard 17. Bigarrer 139. Bis (schwarz) 87. Bizarre 137. Blague 118. Blaireau 32. Blasé 109. Blé 31. Bliaut 40. Blouse 41. Borgne 146. Brave 147. Bretelle, bret, broion. 64. Bretesque 121. Buffet 106. Cabale 68. Café 153. Cahier 122. Calibre 5. Camaïeu, camée 73. Camphre 126. Camus 112. Candi 47. Casemate 6. Chemise 21. Chiffre 46. Chimie 81. Cigare 144. Cochevis 25. Cohue 123. Couard 76. Déjeûner 19. Dîner 19. Dune 80. Eau 51. Elixir 94. Feu, feue 78. Fricasser 47. Gazette 90. Glaire 51, Hanneton 79. Hasard 6. Huguenot 92. Labarum 65. Laste, leste, lest 20. Lieue 37. Maraud 10. Mascarade, masque 60. Massacrer 69. Massepain 89. Nage (en) 51. Orange 157. Pantalon 151. Pédant 104. Pistole, pistolet. 98. Poisson d'avril 140. Porcelaine 11. Quintal 126. Regretter 36. Rissoler 48. Rodomont, -tade 83. Rosser 59. Rue 50. Sabot 16. Saur, sorel 64. Savate, Savatier 16. Sirop 153. Sucre 154. Tasse 156. Zéro 16. *Provenzal.* Ajb 41. Alaudeta 22. Dec 43. Enquar 44. Esquer 75. Rayit 40. Saur 16. Upar 152. *Italiänisch.* Baule 88. Camorra 135. Chicchera 18. Cimento 72. Fanello 122. Gorra 15. Pomarancia 158. Ramarro 111. Sconfiggere 153. Zanni 123. *Spanisch.* Acelga 95. Ademan 124. Amarillo 61. Angaro 128. Ardilla 127. Alfana 146. Colmena 53. Embelesar 96. Laya 9. Urraca 38. etc.

Druck von M. Gunkel in Berlin.